DEN KOMPLETTA SPANNDSFRIA MATKOOKBOKEN

100 näringsrika, spannmålsfria rätter för en levande hälsa

Ingemar Holmqvist

Upphovsrättsmaterial ©202 3

Alla rättigheter förbehållna

Utan korrekt skriftligt medgivande från utgivaren och upphovsrättsinnehavaren kan hans bok inte användas eller distribueras på något sätt, form eller form, förutom korta citat som används i en recension. Den här boken bör inte betraktas som en ersättning för medicinsk, juridisk eller annan professionell rådgivning.

INNEHÅLLSFÖRTECKNING

INNEHÅLLSFÖRTECKNING ... 3
INTRODUKTION ... 6
FRUKOST ... 7
1. Basilika Tomat Frittata ... 8
2. Kokosbröd ... 10
3. Chiaspenatpannkakor ... 12
4. Olivost omelett ... 14
5. Feta Kale Frittata ... 16
6. Färska bärmuffins ... 18
7. Ost Zucchini Aubergine ... 20
8. Broccolinuggets ... 22
9. Blomkålsfrittata ... 24
10. Coconut Grönkål Muffins ... 26
11. Proteinmuffins ... 28
12. Friska våfflor ... 30
13. Ostmandelpannkakor ... 32
14. Grönsaksquiche ... 34
15. Pumpa muffins ... 36
16. Nötmjölk och gräddkanna ... 38
17. Äppelpaj Kluster ... 40
18. Mysli ... 42

JAMS ... 44
19. Aprikos/persika/ananas ... 45
20. Jordgubb/körsbär ... 47
21. Blåbär/Plum ... 49
22. Rå äppelmos ... 51
23. Tangy (fermenterad) fruktchutney ... 53
24. Tranbärskörsbärssås ... 55

SNACKS ... 57
25. Salta smörkex ... 58
26. Veggie Seed Crackers ... 60
27. Apple Cider Paleo Donuts ... 62
28. Matcha cashewkoppar ... 64
29. Lönn pekannöt fett bomb bars ... 66
30. Blomkålsaptitretare _ _ ... 68

31.	Sötpotatisrostat bröd	70
32.	Fruktbollar i bourbon	72

KÖTTELÄTT 74

33.	Balsamic nötkött och svamp mix	75
34.	Oregano fläskmix	77
35.	Enkel nötstek	79
36.	Fläsk och paprika Chili	81
37.	Sötpotatisbaconmos	83
38.	Prosciutto inslagna mozzarellabollar	85
39.	Bulgur lammköttbullar	87
40.	Hummus med malet lamm	89
41.	Lammfylld avokado	91
42.	Bakad Beef Zucchini	93
43.	Kummin-Lime Steak	95
44.	Bräserad Collard Greens i jordnötssås	97
45.	High Protein Chipotle Cheddar Quesadilla	99
46.	Biff-kyckling köttbulle gryta	101
47.	Citronstekt potatis	103
48.	Italiensk kycklingbakning	105
49.	Mager och grön Crunchy Chicken Tacos	107
50.	Kyckling- och kalkonköttfärslimpa	109
51.	Citron Vitlök Oregano Kyckling med Sparris	111
52.	Kyckling Kokos Poppers	113
53.	Kycklingskorpa Margherita Pizza	115
54.	Kycklingröra	117
55.	Grekisk Island Chicken Shish Kebab	119
56.	Kyckling Kabobs Mexicana	121
57.	Sommar kycklingburgare	123
58.	Räkor med vitlök	125
59.	Moules Marinieres	127
60.	Ångkokta musslor med kokos-curry	129
61.	Tonfisknuddelgryta	131
62.	Laxburgare	133
63.	Brända pilgrimsmusslor	135
64.	Svart torsk	137
65.	Miso-glaserad lax	139

GRÖNSAKERSLÄTT 141

66.	Zucchinipasta med basilikapesto	142
67.	Broccoli och tomater	144

68.	Zucchini Fettuccine med mexikansk taco	146
69.	Gröna bönor	148
70.	Grädde av svamp satay	150
71.	Linshamburgare med morötter	152
72.	Wokad sötpotatis med parmesan	154
73.	Blomkålsbuntar med doft av rosmarin	156
74.	Pesto Zucchininudlar	158
75.	Lönn-citrontempeh-kuber	160
76.	Ruccola och sötpotatissallad	162
77.	Nötkött med broccoli eller blomkålsris	164
78.	Kyckling Zucchininudlar	166
79.	Slow Cooker Spaghetti	168
80.	Beef Lo Mein	170

SOPPA OCH GRYTA 172

81.	Rostad tomatsoppa	173
82.	Cheeseburgersoppa	175
83.	Snabb lins chili	177
84.	Citron-vitlökskyckling	179
85.	Krämig blomkålssoppa	181
86.	Cr o ckpot kyckling tacosoppa	183
87.	Tofu Wok med Sparrisgryta	185
88.	Tomatsoppa med grädde av timjan	187
89.	Svamp och Jalapeño gryta	189
90.	Blomkålssoppa	191

EFTERRÄTT 193

91.	Chiapudding	194
92.	Lime-Avocado Pudding	196
93.	Brownie Bites	198
94.	Pumpa bollar	200
95.	Chokladnötskluster	202
96.	Kakao Kokossmör fettbomber	204
97.	Blåbärs citronkaka	206
98.	Choko-mandelbark	208
99.	Tankar Mousse	210
100.	Fylld avokado	212

SLUTSATS 214

INTRODUKTION

Välkommen till "DEN KOMPLETTA SPANNDSFRIA MATKOOKBOKEN: 100 näringsrika, spannmålsfria rätter för en levande hälsa" I en värld där kostval spelar en avgörande roll för vårt övergripande välbefinnande, är beslutet att bli spannmålsfri en resa mot bättre hälsa och vitalitet. Den här kokboken är din guide till att omfamna en spannmålsfri livsstil och smaka på rätter som inte bara är läckra utan också närande.

När vi dyker in på sidorna i denna kokbok kommer du att upptäcka en mångsidig samling av 100 näringsrika recept som är fria från spannmål som vete, ris och majs. Spannmålsfri mat har vunnit popularitet för sina potentiella hälsofördelar, inklusive förbättrad matsmältning och hållbar energi. Oavsett om du har dietrestriktioner eller helt enkelt söker ett hälsosammare sätt att äta, erbjuder dessa recept kreativa och tillfredsställande alternativ som inte kompromissar med smaken.

Vi tror på matens kraft att läka, ge energi och glädja. Oavsett om du är en erfaren hälsoentusiast eller nybörjare inom spannmålsfri mat, är vårt mål att göra din kulinariska resa njutbar och lärorik. Så låt oss ge oss ut på en smakrik expedition som leder till livfull hälsa genom spannmålsfri middag.

FRUKOST

1. **Basilika Tomat Frittata**

Gör: 2

INGREDIENSER :
- 5 ägg
- 1 msk olivolja
- 7 oz burk kronärtskockor
- 1 vitlöksklyfta, hackad
- ½ kopp körsbärstomater
- 2 msk färsk basilika, hackad
- ¼ kopp fetaost, smulad
- ¼ teskedar peppar
- ¼ teskedar salt

INSTRUKTIONER:
a) Koka olja i en panna på medelvärme.
b) Rör ner vitlök och fräs i 4 minuter.
c) Tillsätt kronärtskockor, basilika och tomater och koka i 4 minuter.
d) Vispa ägg i en skål och smaka av med peppar och salt.
e) Häll äggblandningen i pannan och koka i 5-7 minuter.

2. Kokosbröd

Gör: 12

INGREDIENSER:
- 6 ägg
- 1 msk bakpulver
- 2 matskedar sväng
- ½ kopp malda linfrö
- ½ kopp kokosmjöl
- ½ tsk kanel
- 1 tsk xantangummi
- ⅓ kopp osötad kokosmjölk
- ½ kopp olivolja
- ½ tsk salt

INSTRUKTIONER:
a) Värm ugnen till 375 F.
b) Tillsätt ägg, mjölk och olja i mixern och mixa tills det blandas.
c) Tillsätt resterande ingredienser och blanda tills det är väl blandat.
d) Häll smeten i en smord brödform.
e) Grädda i ugnen i 40 minuter.
f) Skiva och servera.

3. Chiaspenatpannkakor

Gör: 6

INGREDIENSER:
- 4 ägg
- ½ kopp kokosmjöl
- 1 dl kokosmjölk
- ¼ kopp chiafrön
- 1 dl spenat, hackad
- 1 tsk bakpulver
- ½ tsk peppar
- ½ tsk salt

INSTRUKTIONER:
a) Vispa ägg i en bunke tills det skummar.
b) Blanda ihop alla torra ingredienser och tillsätt i äggblandningen och vispa till en slät smet. Tillsätt spenat och rör om väl.
c) Smörj pannan med smör och värm på medelvärme.
d) Häll 3-4 matskedar smet på pannan och gör pannkakan.
e) Koka pannkakan tills den är lätt gyllenbrun från båda sidor.

4. Olívost omelett

Gör: 4

INGREDIENSER:
- 4 stora ägg
- 2 oz ost
- 12 oliver, urkärnade
- 2 matskedar smör
- 2 matskedar olivolja
- 1 tsk herb de Provence
- ½ tsk salt

INSTRUKTIONER:

a) Tillsätt alla ingredienser utom smöret i en bunke, vispa väl tills det skummar.
b) Smält smör i en kastrull på medelvärme.
c) Häll äggblandningen i en het panna och fördela jämnt.
d) Täck och koka i 3 minuter.
e) Vänd omeletten till andra sidan och koka i ytterligare 2 minuter.

5. **Feta Kale Frittata**

Gör: 8

INGREDIENSER:
- 8 ägg, vispade
- 4 oz fetaost, smulad
- 6 oz paprika, rostad och tärnad
- 5 uns baby grönkål
- ¼ kopp salladslök, skivad
- 2 tsk olivolja

INSTRUKTIONER:
a) Koka olivolja i en panna på medelhög värme.
b) Rör ner grönkålen i pannan och fräs i 4-5 minuter eller tills den mjuknat.
c) Spraya slow cooker med matlagningsspray.
d) Tillsätt kokt grönkål i långsamkokaren.
e) Tillsätt salladslök och paprika i långsamkokaren.
f) Häll uppvispade ägg i långsamkokaren och rör om väl för att kombinera.
g) Strö över smulad fetaost.
h) Koka på låg värme i 2 timmar.

6. Färska bärmuffins

Gör: 9

INGREDIENSER:
- 2 ägg
- ½ tsk vanilj
- ½ kopp färska blåbär
- 1 tsk bakpulver
- 6 droppar stevia
- 1 kopp tung grädde
- 2 dl mandelmjöl
- ¼ kopp smör, smält

INSTRUKTIONER:
a) Sätt ugnen på 350 F.
b) Rör ner ägg i mixerskålen och vispa tills det är väl blandat.
c) Blanda i resterande ingredienser till äggen.
d) Fyll i smeten i en smord muffinsplåt och grädda i ugnen i 25 minuter.
Tjäna.

7. Ost Zucchini Aubergine

Gör: 8

INGREDIENSER:
- 1 aubergine, skuren i 1-tums kuber
- 1 ½ kopp spaghettisås
- 1 medelstor zucchini, skuren i 1-tums bitar
- ½ dl parmesanost, strimlad

INSTRUKTIONER:
a) Tillsätt alla ingredienser i krukan och rör om väl.
b) Täck över och koka på hög i 2 timmar.
c) Rör om väl och servera.

8. Broccolinuggets

Gör: 4

INGREDIENSER:
- 2 äggvitor
- 2 dl broccolibuktor
- ¼ kopp mandelmjöl
- 1 dl cheddarost, strimlad
- ⅛ teskedar salt

INSTRUKTIONER:
a) Värm ugnen till 350 F.
b) Tillsätt broccolin i skålen och mosa med en mos.
c) Rör ner resterande ingredienser till broccolin.
d) Lägg 20 skopor på en bakplåt och tryck ner lätt.
e) Grädda i förvärmd ugn i 20 minuter.

9. Blomkålsfrittata

Gör: 1

INGREDIENSER:
- 1 ägg
- ¼ kopp blomkålsris
- 1 msk olivolja
- ¼ teskedar gurkmeja
- Peppar
- Salt

INSTRUKTIONER:
a) Tillsätt alla ingredienser utom oljan i skålen och blanda väl för att kombinera.
b) Koka olja i en panna på medelvärme.
c) Häll blandningen i den heta oljepannan och koka i 3-4 minuter eller tills den är lätt gyllenbrun.

10. Coconut Grönkål Muffins

Gör: 8

INGREDIENSER:
- 6 ägg
- En halv kopp kokosmjölk, osötad
- 1 dl grönkål, hackad
- ¼ teskedar vitlökspulver
- ¼ teskedar paprika
- ¼ kopp grön lök, hackad

INSTRUKTIONER:
a) Värm ugnen till 350 F.
b) Tillsätt alla ingredienser i skålen och vispa väl.
c) Häll blandningen i den smorda muffinsformen och grädda i ugnen i 30 minuter.

11. Proteinmuffins

Gör: 12

INGREDIENSER:
- 8 ägg
- 2 skopor vaniljproteinpulver
- 8 oz färskost
- 4 msk smör, smält

INSTRUKTIONER:
a) I en stor skål, gissa färskost och smält smör.
b) Tillsätt ägg och proteinpulver och vispa tills det är väl blandat.
c) Häll smeten i den smorda muffinsformen.
d) Grädda vid 350 F i 25 minuter.

12. Friska våfflor

Gör: 4

INGREDIENSER:
- 8 droppar flytande stevia
- ½ tsk bakpulver
- 1 msk chiafrön
- ¼ kopp vatten
- 2 msk solrosfrösmör
- 1 tsk kanel
- 1 avokado, skal, urkärnade och mosade
- 1 tsk vanilj
- 1 msk citronsaft
- 3 msk kokosmjöl

INSTRUKTIONER:
a) Förvärm våffeljärnet.
b) Tillsätt vatten och chiafrön i en liten skål och blötlägg i 5 minuter.
c) Mosa ihop solrosfrösmör, citronsaft, vanilj, stevia, chiablandning och avokado.
d) Blanda ihop kanel, bakpulver och kokosmjöl.
e) Tillsätt blöta ingredienser till de torra ingredienserna och blanda väl.
f) Häll våffelblandningen i det varma våffeljärnet och stek på varje sida i 3-5 minuter.

13. Ostmandelpannkakor

Gör: 4

INGREDIENSER:
- 4 ägg
- ¼ teskedar kanel
- ½ kopp färskost
- ½ kopp mandelmjöl
- 1 msk smör, smält

INSTRUKTIONER:
a) Blanda alla ingredienser i mixern och mixa tills det blandas.
b) Hetta upp smör i en panna på medelvärme.
c) Häll 3 matskedar smet per pannkaka och stek i 2 minuter på varje sida.

14. Grönsaksquiche

Gör: 6

INGREDIENSER:
- 8 ägg
- 1 dl parmesanost, riven
- 1 kopp osötad kokosmjölk
- 1 dl tomater, hackade
- 1 kopp zucchini, hackad
- 1 msk smör
- ½ tsk peppar
- 1 tsk salt

INSTRUKTIONER:
a) Värm ugnen till 400 F.
b) Hetta upp smör i en panna på medelvärme och tillsätt sedan lök och fräs tills löken mjuknar.
c) Tillsätt tomater och zucchini i pannan och fräs i 4 minuter.
d) Vispa ägg med ost, mjölk, peppar och salt i en skål.
e) Häll äggblandningen över grönsakerna och grädda i ugnen i 30 minuter.
f) Skiva och servera.

15. Pumpa muffins

Gör: 10

INGREDIENSER:
- 4 ägg
- ½ kopp pumpapuré
- 1 tsk pumpapajkrydda
- ½ kopp mandelmjöl
- 1 msk bakpulver
- 1 tsk vanilj
- ⅓ kopp kokosolja, smält
- ⅔ kopp sväng
- ½ kopp kokosmjöl
- ½ tsk havssalt

INSTRUKTIONER:
a) Värm ugnen till 350 F.
b) Gissla kokosmjöl, pumpapajkrydda, bakpulver, sväng, mandelmjöl och havssalt.
c) Rör ner ägg, vanilj, kokosolja och pumpapuré tills det är väl blandat.
d) Häll smeten i den smorda muffinsformen och grädda i ugnen i 25 minuter.

16. Nötmjölk och gräddkanna

Gör: 2 dl grädde eller 4 dl mjölk

INGREDIENSER:
- 2–4 koppar filtrerat vatten
- 1 kopp råa macadamianötter
- 1 kopp blancherad mandel
- 1 kopp osötad, strimlad kokos
- 2 stora dadlar (valfritt)
- 1 tsk vaniljextrakt eller pasta (valfritt)
- ⅛ tesked mandelextrakt (valfritt)
- Nypa havssalt
- Ren munkfrukt eller föredraget sötningsmedel efter smak

a) Värm 2 koppar vatten tills det är väldigt varmt.
b) Medan vattnet värms upp, tillsätt resten av ingredienserna till din mixer.
c) När vattnet är varmt, häll över mixeringredienserna. Låt vila i 5 minuter.
d) Blanda ihop allt i ungefär en minut.
e) Klä en hög skål med ostduk eller en nöt/juicepåse att hälla blandningen i och krama ur vätskan.
f) Justera sötma och vaniljsmak efter smak.
g) Tillsätt mer vatten för en "mjölk" konsistens, eller använd som den är för kaffegrädde. Håller sig flera dagar i ditt kylskåp.

17. Äppelpaj Kluster

Gör: ca 8 portioner

INGREDIENSER:
- 2 hackade äpplen eller ½ kopp äppelmos
- 1 dl mjuka, urkärnade dadlar
- ¼ kopp lönnsirap
- ¼ kopp mjukt smör eller kokosolja
- 2 tsk vaniljextrakt
- 3 dl müslimix
- 1 tsk ren munkfrukt eller stevia (om du använder vätska, tillsätt i matberedaren)
- 1 matsked kanel
- ½ tsk kryddpeppar
- ½ tsk havssalt

INSTRUKTIONER:
a) Värm ugnen till 300°F och klä en plåt med bakplåtspapper.
b) Mixa äpplen, dadlar, lönnsirap, smör eller kokosolja och vanilj tills det är nästan slätt. Jag gillar att lämna några bitar av äpplen och dadlar oblandade.
c) Lägg müslin i en stor skål och rör ner sötningsmedel och kryddor.
d) Tillsätt innehållet i matberedaren till de torra ingredienserna och använd händerna för att blanda väl.
e) Bred ut jämnt på plåten och grädda i cirka en timme, använd en spatel för att vända och flytta runt eller bryta upp bitar efter behov, cirka 3–4 gånger.
f) Stäng av ugnen, knäck dörren och låt svalna tills den är knaprig.
g) Förvara i en lufttät behållare i flera veckor.

18. Mysli

Gör: 12–16 portioner

INGREDIENSER:
- 2 dl riven kokos
- ⅔ kopp chiafrömjöl
- ⅔ kopp hampa eller annat favoritfrö
- ⅔ kopp äppelfiber (valfritt), Se Resurser (sida 296)
- ⅓ kopp kokosmjöl
- ¼ kopp kanel
- 1 tsk ren munkfrukt
- 1 tsk havssalt
- 2 dl hackade valnötter
- 2 dl hackade pekannötter, macadamias, cashewnötter eller paranötter

INSTRUKTIONER:
a) Blanda den rivna kokosnöten, malen chia, frön, äppelfibrer, kokosmjöl, kanel, sötningsmedel och salt i en stor skål.
b) Mixa nötterna i en matberedare tills de är hackade.
c) Rör ner nötterna i skålen tills allt är blandat.

JAMS

19. Aprikos/persika/ananas

INGREDIENSER:
- 12 uns (cirka 2 koppar) färska eller tidigare frysta och tinade, skivade persikor eller ½ ananas
- 10 uns torkade aprikoser
- 3–4 matskedar honung (gärna Manuka)
- 2 matskedar färsk citronsaft
- 1 tsk rent munkfruktpulver eller stevia
- ½ tesked varje vanilj- och mandelextrakt
- En skvätt havssalt

INSTRUKTIONER:
a) Tillsätt allt i din mixer och mixa tills det är slätt.

b) Överför till burkar eller behållare och kyl eller frys (jag brukar kyla en och frysa in en).

c) Tips: För att göra fruktläder, bred ut sylten tunt på en plåt och torka av vid 200°F i några timmar.

20.Jordgubb/körsbär

INGREDIENSER:
- 1 pund färska eller tidigare frysta jordgubbar
- 6 uns (eller cirka 1¼ koppar) hallon (valfritt)
- 2 dl torkade körsbär
- 2–4 msk honung eller valfri sirap
- 2 matskedar färsk citronsaft
- ½–1 tsk ren munkfrukt eller stevia
- ½ tesked mandelextrakt (valfritt)
- ⅛ havssalt

INSTRUKTIONER:
a) Tillsätt allt i din matberedare och mixa flera gånger till önskad konsistens. Eller tillsätt hälften av jordgubbarna och mixa slät och pulsera sedan i resten av ingredienserna.
b) Överför till burkar eller behållare och kyl eller frys (jag brukar kyla en och frysa in en).

21. Blåbär/Plum

INGREDIENSER:
- 1 pund färska eller tidigare frysta blåbär
- 1 dl torkade plommon (du kan kalla dem katrinplommon)
- 2–4 msk honung eller valfri sirap
- 2 matskedar färsk citronsaft
- ½–1 tsk ren munkfrukt eller stevia
- ½ tsk vanilj (valfritt)
- ⅛ havssalt

INSTRUKTIONER:
a) Tillsätt allt i din matberedare och mixa flera gånger till önskad konsistens. Eller tillsätt hälften av jordgubbarna och mixa slät och pulsera sedan i resten av ingredienserna.
b) Överför till burkar eller behållare och kyl eller frys (jag brukar kyla en och frysa in en).

22. Rå äppelmos

INGREDIENSER:
- 6 stora äpplen (skal på är bra)
- 1 bara mogen banan
- 2–4 dadlar, mjukade i vatten eller honung/stevia efter smak
- 1 msk citronsaft
- ¼ tesked kanel (valfritt, eller mer efter smak)
- Nypa kryddpeppar (valfritt)

INSTRUKTIONER:

a) Pulsera i matberedaren tills den är slät.

b) Tips: Lägg till ½ kopp tranbär för vinterhelgen, jordgubbar för alla hjärtans dag, eller annan frukt bara för att byta ut det ibland.

23. Tangy (fermenterad) fruktchutney

INGREDIENSER:
- 3–4 skalade, hackade äpplen, persikor eller ½ hackad ananas
- ½ kopp vardera torkade hackade aprikoser, katrinplommon, gula russin, tranbär, körsbär, pekannötter
- 1 skivad purjolök
- Saften av två citroner
- ¼ kopp vassle, avrunnen från yoghurt eller vattenkefir eller kombucha (försäkrar bra jäsning)
- 2 tsk havssalt
- 1 tsk kanel
- ⅛ tesked röd paprikaflingor
- Vatten eller kokosvatten för att täcka

INSTRUKTIONER:
a) I en stor skål, rör ihop alla ingredienser, utom vattnet.
b) Packa i rena glasburkar, lämna en tum eller två utrymme på toppen.
c) Täck över och vila i rumstemperatur i 2–3 dagar.
d) Förvara i kylen i upp till en månad eller frys.

24. Tranbärskörsbärssås

Gör: 4 koppar sås

INGREDIENSER:
- 1 tunnskallig juiceapelsin, till exempel Valencia, hackad och urkärnad
- 2 dl torkade tranbär
- 2 koppar urkärnade färska körsbär (tidigare frysta är bra)
- 1 tsk ren munkfrukt eller stevia
- 1 tsk mald kanel
- ½–⅔ tesked havssalt
- ¼ tesked mald svartpeppar
- ¼ tesked mald koriander
- En nypa kryddnejlika
- ¼ kopp portvin eller körsbärsjuice
- ⅓ kopp svarta russin (valfritt)
- ⅓ kopp pekannötter (valfritt)

INSTRUKTIONER:
a) Tillsätt apelsinen i din matberedare och bearbeta till små bitar.
b) Tillsätt resten av ingredienserna förutom vinet, russinen och pekannötterna och mixa tills det är hackat till en tjock sås.
c) Pulsera i vinet, russinen och pekannötterna och tillsätt lite vatten för att tunna ut om så önskas.

SNACKS

25. Salta smörkex

Gör: 1 (17 x 12-tums) kakark

INGREDIENSER:
- 10 uns vit eller gul sötpotatis
- 1¾ koppar mandel-, cashew- eller macadamianötter (eller 2 koppar nötmjöl)
- ½ kopp smör
- 1 msk gelatin
- 1½ tsk havssalt
- Ägg att borsta

INSTRUKTIONER:
a) Värm ugnen till 350°F.
b) Pensla två bakplåtspapper eller två ark bakplåtspapper med smör, ghee eller olja.
c) Försedd med S-bladet, puré sötpotatisen i din matberedare tills den är mycket fin.
d) Tillsätt resten av ingredienserna (förutom ägget) och puré tills det är slätt och degigt.
e) Dela degen på mitten och rulla eller tryck ut varje halva så att den hamnar mellan de två pappersarken. Ta dig tid att rulla den jämnt.
f) Ta bort det översta lagret av papper och använd en bakverksskärare eller spatel för att skära i fyrkanter eller rektanglar. Om det översta pappret fastnar, överför du helt enkelt degen med pappret till en bakplåt och grädda med papperet på i cirka 8 minuter, skär sedan i rutor.
g) Ta bort eventuella brynta kanter och stick ett mönster ovanpå med en gaffel.
h) Vispa ägget med en gaffel tills det skummar, pensla det på kexen och strö över ytterligare havssalt.
i) Återgå till ugnen och fortsätt att grädda tills de börjar få färg.
j) Stäng av ugnen, öppna luckan och låt vila ca 30 minuter tills kexen blir krispiga.
k) Förvara i en lufttät behållare.
l) Om kexen mjuknar med tiden, fräs dem igen i ugnen vid 300°F i cirka 5–7 minuter.

26. Veggie Seed Crackers

Gör: 18–24 kex

INGREDIENSER:
- 1 medium/liten zucchini (ca 6–7 uns)
- ¼ kopp hackad lök
- ¼ kopp hackad röd paprika
- 1½ dl pumpafrön, råa eller lätt rostade
- ¼ kopp chiafrön
- 2 hackade vitlöksklyftor
- 1 kvist färsk dragon eller rosmarinblad, eller din favoritört
- 1 msk olivolja
- 1 tsk havssalt
- ½ tsk svartpeppar
- Kurs havssalt att strö över

INSTRUKTIONER:
a) Värm ugnen till 325°F och smörj en klädd bakplåt med olivolja.
b) Bearbeta grönsakerna tills de är finhackade.
c) Spara ½ kopp pumpafrön. Tillsätt resten av ingredienserna och bearbeta kort så att fröna hackas upp lite.
d) Tillsätt resten av pumpafröna och pulsera 2–3 gånger.
e) Använd en liten glassskopa eller hopa matskedar på det förberedda bakplåten som du skulle tappa kakdegen.
f) Använd ett flatbottnat glas för att pressa varje hög till en tunn kex, doppa botten i vatten efter varje pressning och strö över mer havssalt, om så önskas.
g) Grädda i 12–15 minuter.
h) Ta ut ur ugnen och använd en spatel för att försiktigt vända varje kex, återgå till ugnen och grädda ytterligare 12–15 minuter eller bara tills kanterna börjar bli bruna.
i) Stäng av ugnen och ta bort alla kex som uppenbarligen är bruna och knapriga.
j) Öppna dörren och låt de återstående kexen vila tills de alla är krispiga.
k) Förvara i en lufttät behållare. Dessa är även frysbara!

27. Apple Cider Paleo Donuts

Gör: 12 MINI-DONUTS

INGREDIENSER:
PALEO DONUTS
- 1/2 tsk kanel
- 1/2 tsk bakpulver
- 1/8 tsk havssalt
- 2 ägg
- några droppar stevia liqui d
- 1/2 kopp kokosmjöl
- 2 msk mandelolja
- 1/2 kopp varm äppelcider
- 2 matskedar ghee, smält – för överdragning

KANELSOCKER
- 1/2 kopp granulerat kokossocker
- 1 matsked kanel

INSTRUKTIONER:
a) Förvärm munkmaskinen.
b) Blanda kokosmjöl, bakpulver, kanel och salt.
c) Vispa ägg, olja och stevia i en annan skål.
d) Blanda i de torra ingredienserna till de våta ingredienserna tillsammans med äppelcider .
e) Häll ner munksmeten i munkmaskinen.
f) Koka i 3 minuter.
g) Pensla munkar med smält ghee/smör/mandelolja .
h) Kasta munkar med kanel/kokossockerblandningen .

28. Matcha cashewkoppar

INGREDIENSER:
- ⅔ kopp kakaosmör
- 3/4 kopp kakaopulver
- ⅓ kopp lönnsirap
- ½ kopp cashewsmör
- 2 tsk matchapulver
- Havssalt

INSTRUKTIONER:
a) Fyll en liten kastrull med ⅓ kopp vatten och placera en skål ovanpå som täcker pannan. När skålen är varm, smält kakaosmöret inuti skålen. När det har smält, ta bort från värmen och rör ner lönnsirap och kakao i ett par minuter tills chokladen tjocknar.
b) Använd en medelstor muffinshållare och fyll det nedre lagret med en generös matsked av chokladblandningen.
c) Frys i 15 minuter för att stelna.
d) Ta ut den frysta chokladen ur frysen och lägg 1 msk storlek av matcha/cashewsmördegen ovanpå det frysta chokladlagret.
e) Strö över havssalt och låt stå i frysen i 15 minuter.

29. Lönn pekannöt fett bomb bars

Gör : 12

INGREDIENSER:
- 2 koppar pekannötshalvor
- 1 kopp mandelmjöl
- ½ kopp gyllene linfrömjöl
- ½ kopp osötad strimlad kokosnöt
- ½ kopp kokosolja
- ¼ kopp lönnsirap
- ¼ teskedar Flytande Stevia

INSTRUKTIONER:

a) Värm ugnen till 350°F och grädda pelikanhalvorna i 5 minuter.

b) Ta ut pekannötterna ur ugnen och lägg dem i en plastpåse. Krossa dem med en kavel för att göra bitar.

Kombinera de torra ingredienserna mandelmjöl, gyllene linfrömjöl och riven kokos och de krossade pekannötterna i en mixerskål.

Tillsätt kokosnötsolja lönnsirap och flytande stevia. Blanda alla ingredienser i en stor bunke tills en smulig deg bildas.

c) Lägg degen i en ugnsform och tryck ner den.

d) Grädda i 15 minuter vid 350 F, eller tills sidorna är försiktigt bruna.

e) Använd en spatel, skär i 12 skivor och servera.

30.Blomkålsaptitretare

Gör : 8

INGREDIENSER:
- 14 uns blomkålsbuketter , hackade
- 3 medelstora stjälkar vårlök
- 3 uns strimlad vit cheddar
- ½ kopp mandelmjöl
- ½ tsk salt
- 3/4 tsk peppar
- ½ tsk rödpepparflingor
- ½ tsk dragon, torkad
- ¼ teskedar vitlökspulver
- 3 matskedar olivolja
- 2 tsk Chiafrön

INSTRUKTIONER:
a) Värm ugnen till 400 grader Fahrenheit.
b) I en plastpåse, kombinera blomkålsbuketter, olivolja, salt och peppar. Skaka kraftigt tills blomkålen är jämnt täckt.
c) Häll blomkålsbuketter på en folieklädd plåt. Grädda i 5 minuter efter det.
d) Tillsätt den rostade blomkålen i en matberedare och mixa några gånger för att bryta upp den.
e) I en mixerskål, kombinera alla ingredienser (mandelmjöl) tills en klibbig blandning bildas.
f) Gör biffar av blomkålsblandningen och stryk dem i mandelmjöl.
g) Grädda i 400°F i 15 minuter, eller tills utsidan är krispigare.
h) Ta ut ur ugnen, låt svalna lite innan servering!

31. Sötpotatisrostat bröd

INGREDIENSER:
- 2 stora sötpotatisar, skivade i.
- ¼-tums tjocka skivor.
- 1 msk avokadoolja.
- 1 tsk salt ½ kopp guacamole.
- ½ kopp tom atoer, skivade.

INSTRUKTIONER:
a) Värm din ugn till 425 ° F.
b) Täck en bakplåt med bakplåtspapper.
c) Gnid in potatisskivorna med olja och salt och lägg dem på en plåt. Grädda i 5 minuter i ugnen, vänd sedan och grädda igen i 5 minuter.
d) Toppa de bakade skivorna med guacamole och tomater.

32. Fruktbollar i bourbon

Gör 2 portioner

INGREDIENSER:
- ½ kopp melonbollar
- ½ kopp halverade jordgubbar
- 1 matsked bourbon
- 1 matsked socker
- ½ paket aspartam sötningsmedel
- Kvistar färsk mynta till garnering

INSTRUKTIONER:
a) Blanda melonbollarna och jordgubbarna i en glasform.
b) Blanda med bourbon, socker och aspartam.
c) Täck över och kyl till servering. Häll frukten i dessertfat och dekorera med myntablad.

KÖTTELÄTT

33. Balsamic nötkött och svamp mix

Gör: 4

INGREDIENSER:
- 2 pund nötkött, skuren i strimlor
- ¼ kopp balsamvinäger
- 2 dl nötfond
- 1 msk ingefära, riven
- Saften av ½ citron
- 1 dl bruna svampar, skivade
- Nyp salt och svartpeppar
- 1 tsk mald kanel

INSTRUKTIONER:
a) Blanda alla ingredienser i din slow cooker, täck över och koka på låg i 8 timmar.
b) Dela allt mellan tallrikarna och servera.

34. Oregano fläskmix

Gör: 4

INGREDIENSER:
- 2 punds fläskstek
- 7 uns tomatpuré
- 1 gul lök, hackad
- 1 dl nötbuljong
- 2 msk mald spiskummin
- 2 matskedar olivolja
- 2 msk färsk oregano, hackad
- 1 msk vitlök, hackad
- ½ dl färsk timjan, hackad

INSTRUKTIONER:
a) Hetta upp en sautépanna med oljan på medelhög värme, tillsätt steken, bryn den i 3 minuter på båda sidor och överför sedan till din slow cooker.
b) Tillsätt de återstående ingredienserna, rör om lite, täck över och koka på låg i 7 timmar.
c) Skiva steken, dela den mellan tallrikar och servera.

35. Enkel nötstek

Gör: 10

INGREDIENSER:
- 5 punds nötstek
- 2 msk italiensk krydda
- 1 dl nötbuljong
- 1 msk söt paprika
- 3 matskedar olivolja

INSTRUKTIONER:
a) Blanda alla ingredienser i din slow cooker, täck över och koka på låg i 8 timmar.
b) Skär steken, dela den mellan tallrikar och servera.

36. Fläsk och paprika Chili

Gör: 4

INGREDIENSER:
- 1 rödlök, hackad
- 2 pund fläsk, malet
- 4 vitlöksklyftor, hackade
- 2 röda paprikor, hackade
- 1 stjälkselleri, hackad
- 25 uns färska tomater, skalade, krossade
- ¼ kopp grön chili, hackad
- 2 msk färsk oregano, hackad
- 2 msk chilipulver
- Nyp salt och svartpeppar
- En klick olivolja

INSTRUKTIONER:

a) Hetta upp en stekpanna med olja på medelhög värme och tillsätt lök, vitlök och kött. Blanda och bryn i 5 minuter och överför sedan till din slow cooker.

b) Tillsätt resten av ingredienserna, rör om, täck över och koka på låg i 8 timmar.

c) Fördela allt i skålar och servera.

37. Sötpotatisbaconmos

Gör: 4

INGREDIENSER:
- 3 sötpotatisar, skalade
- 4 uns bacon, hackad
- 1 dl kycklingfond
- 1 msk smör
- 1 tsk salt
- 2 uns parmesan, riven

INSTRUKTIONER:
a) Tärna sötpotatisen och lägg den i pannan.
b) Tillsätt kycklingfond och stäng locket.
c) Koka grönsakerna tills de är mjuka.
d) Häll efter detta av kycklingfonden.
e) Mosa sötpotatisen med hjälp av potatisstöten. Tillsätt riven ost och smör.
f) Blanda ihop salt och hackat bacon. Stek blandningen tills den är knaprig (10-15 minuter).
g) Tillsätt kokt bacon i den mosade sötpotatisen och blanda ihop med hjälp av sked.
h) Det rekommenderas att servera måltiden varm eller varm.

38. Prosciutto inslagna mozzarellabollar

Gör: 4

INGREDIENSER:
- 8 mozzarellabollar, körsbärsstorlek
- 4 uns bacon, skivad
- ¼ tesked mald svartpeppar
- ¾ tesked torkad rosmarin
- 1 tsk smör (⅛ hälsosamt fett)

INSTRUKTIONER:
a) Strö det skivade baconet med mald svartpeppar och torkad rosmarin.
b) Slå in varje mozzarellaboll i det skivade baconet och fäst dem med tandpetare.
c) Smält smör.
d) Pensla inslagna mozzarellabollar med smör.
e) Klä bakplåten med bakplåtspapper och arrangera mozzarellabollar i den.
f) Grädda måltiden i 10 minuter vid 365F.

39. Bulgur lammköttbullar

Gör: 6

INGREDIENSER:
- 1 och ½ koppar grekisk yoghurt
- ½ tesked spiskummin, mald
- 1 dl gurka, strimlad
- ½ tsk vitlök, finhackad
- Nyp salt och svartpeppar
- 1 dl bulgur
- 2 koppar vatten
- 1-pund lamm, malet
- ¼ kopp persilja, hackad
- ¼ kopp schalottenlök, hackad
- ½ tsk kryddpeppar, mald
- ½ tsk kanelpulver
- 1 msk olivolja

INSTRUKTIONER:
a) Blanda bulguren med vattnet i en skål, täck skålen, låt stå åt sidan i 10 minuter, låt rinna av och lägg över i en skål.

b) Tillsätt köttet, yoghurten och resten av ingredienserna förutom oljan, rör om väl och forma medelstora köttbullar ur denna mix.

c) Värm olja i en panna på medelhög värme, lägg i köttbullarna, koka dem i 7 minuter på varje sida, lägg upp alla på ett fat och servera som förrätt.

40. Hummus med malet lamm

Gör: 8

INGREDIENSER:
- 10 uns hummus
- 12 uns lammkött, malet
- ½ kopp granatäpplekärnor
- ¼ kopp persilja, hackad
- 1 msk olivolja

INSTRUKTIONER:

a) Koka olja i en panna på medelhög värme, tillsätt köttet och bryn i 15 minuter, rör ofta.

b) Fördela hummusen på ett fat, fördela det malda lammet över det hela, bred även ut granatäpplekärnor och persiljan och servera med pitabröd som mellanmål.

41. Lammfylld avokado

Gör: 4

INGREDIENSER:
- 2 avokado
- 1 ½ dl lammfärs
- ½ kopp cheddarost
- ½ kopp parmesanost, riven
- 2 msk mandel, hackad
- 1 msk koriander, hackad
- 2 matskedar olivolja
- 1 tomat, hackad
- 1 jalapeno, hackad
- Salta och peppra efter smak
- 1 tsk vitlök, hackad
- 1-tums ingefära, hackad

INSTRUKTIONER:
a) Skär avokadon på mitten. Ta bort gropen och gröp ur lite kött för att fylla det senare.
b) Tillsätt hälften av oljan i en stekpanna.
c) Kasta ingefära, vitlök i 1 minut.
d) Tillsätt lammet och rör om i 3 minuter.
e) Tillsätt tomat, koriander, parmesan, jalapeno, salt, peppar och koka i 2 minuter.
f) Ta av värmen. Fyll avokadon.
g) Strö över mandeln, cheddarosten och tillsätt olivolja ovanpå.
h) Lägg på en plåt och grädda i 30 minuter. Tjäna.

42. Bakad Beef Zucchini

Gör: 4

INGREDIENSER:
- 2 stora zucchinis
- 1 dl nötfärs
- 1 dl svamp, hackad
- 1 tomat, hackad
- ½ dl spenat, hackad
- 1 msk gräslök, finhackad
- 2 matskedar olivolja
- Salta och peppra efter smak
- 1 msk mandelsmör
- 1 tsk vitlökspulver
- 1 dl cheddarost, riven
- ⅓ tesked ingefärapulver

INSTRUKTIONER:
a) Värm ugnen till 400 grader F.
b) Lägg aluminiumfolie på en plåt.
c) Skär zucchinin på mitten. Skopa ur fröna och gör fickor för att stoppa dem senare.
d) Tillsätt olivoljan i en kastrull.
e) Kasta nötköttet tills det är brunt.
f) Tillsätt svamp, tomat, gräslök, salt, peppar, vitlök, ingefära och spenat.
g) Koka i 2 minuter. Ta av värmen.
h) Fyll zucchini med mixen.
i) Lägg dem på bakplåten. Strö osten ovanpå.
j) Lägg smöret ovanpå. Grädda i 30 minuter. Servera varm.

43. Kummin-Lime Steak

Gör: 4

INGREDIENSER:
- 20 En gång. Biff med magert rib-eye
- 6 toppar av broccoli
- ½ kopp nötbuljong
- ¼ matsked limejuice
- 1 ½ sked mald spiskummin
- 1 ½ sked mald koriander
- 2 Stora, finhackade vitlöksklyftor
- 3 pund olivolja

INSTRUKTIONER:
a) Blanda alla ingredienser till marinaden (förutom olja) i en mixer.
b) Tillsätt olja i en mixer medan motorn arbetar långsamt.
c) Kyl och täck tills den ska användas. Häll 1 kopp marinad över biffar i en glasskål, täck med alla sidor.
d) Täck över och låt svalna i 6 timmar (eller över natten).
e) Grilla över medelstora kol, vänd regelbundet och rengör med ½ kopp marinad över.
f) Ånga broccolin vid sidan om och servera.

44. Bräserad Collard Greens i jordnötssås

Gör: 4

INGREDIENSER:
- 2 dl kycklingfond
- 12 koppar hackad grönkål
- 5 matskedar pulveriserat jordnötssmör
- 3 vitlöksklyftor, krossade
- 1 tesked salt
- ½ tesked kryddpeppar
- ½ tesked svartpeppar
- 2 teskedar citronsaft
- ¾ tesked varm sås
- 1 ½ pund fläskfilé

INSTRUKTIONER:

a) Skaffa en kastrull med tättslutande lock och kombinera kragarna med vitlök, kycklingfond, varm sås och hälften av peppar och salt.
b) Koka på låg värme i 60 minuter.
c) När kragarna är mjuka, rör ner citronsaft i kryddpepparn.
d) Och pulveriserat jordnötssmör.
e) Hålla varm.
f) Krydda fläskfilén med resterande peppar och salt och stek i en brödrost i 10 minuter när du har en innertemperatur på 145F.
g) Se till att vända filén varannan minut för att få en jämn brynning överallt.
h) Efter det kan du ta bort fläsket från ugnen och låta det vila i ungefär 5 minuter.
i) Skiva fläsket som du vill och servera det ovanpå de bräserade gröna.

45. High Protein Chipotle Cheddar Quesadilla

Gör: 4

INGREDIENSER:
- Tortillas
- 2 koppar keso
- 2 dl cheddarost
- 1 paprika
- 1 kopp Portobellosvamp
- 2-3 msk Chipotlekrydda
- Mild salsa, för doppning

INSTRUKTIONER:
a) Lägg paprikan (skivad, röd) och svampen (skivad) i en stor grillpanna på medelvärme.
b) Koka i cirka 10 minuter tills de är mjuka. Ta bort och överför sedan till en skål (medium). Avsätta.
c) Tillsätt chipotlekrydda och keso i en liten skål. Rör om väl för att blanda in.
d) Lägg tortillorna på grillpannan och häll grönsaksblandningen över tortillorna.
e) Strö kesoblandning över toppen och toppa sedan med cheddarosten (strimlad).
f) Lägg ytterligare en tortilla över fyllningen.
g) Koka i cirka 2 minuter och vänd sedan och fortsätt koka i en minut till.
h) Upprepa processen med återstående tortillas och fyllning.
i) Servera genast med salsan (mild).

46. Biff-kyckling köttbulle gryta

Gör: 7

INGREDIENSER:
- 1 aubergine
- 10 uns mald kyckling
- 8 uns köttfärs
- 1 tsk finhackad vitlök
- 1 tsk mald vitpeppar
- 1 tomat
- 1 ägg
- 1 msk kokosmjöl
- 8 uns parmesan, strimlad
- 2 msk smör
- ⅓ kopp grädde

INSTRUKTIONER:
a) Kombinera den malda kycklingen och köttfärsen i en stor skål.
b) Tillsätt hackad vitlök och mald vitpeppar.
c) Knäck ägget med köttfärsblandningen i skålen och rör försiktigt tills det är väl blandat.
d) Tillsätt sedan kokosmjölet och blanda.
e) Gör små köttbullar av köttfärsen.
f) Förvärm airfryern till 360 F.
g) Strö airfryer-korgbrickan med smör och häll på grädden.
h) Skala auberginen och hacka den.
i) Lägg köttbullarna över grädden och strö över den hackade auberginen.
j) Skiva tomaten och lägg den över auberginen.
k) Lägg ett lager av riven ost över den skivade tomaten.
l) Lägg grytan i airfryern och koka den i 21 minuter.
m) Låt grytan svalna till rumstemperatur innan servering.

47. Citronstekt potatis

Gör: 5

INGREDIENSER:
- 3 koppar kycklingbuljong
- ½ tesked mald svartpeppar
- 1 tsk oregano
- 2 teskedar salt
- 2 citroner, saften ska extraheras
- ⅓ kopp olivolja
- 3 pund potatis, ska skalas och skäras i klyftor

INSTRUKTIONER:
a) Värm din ugn till 400F
b) Ta fram en stor skål och lägg i alla klyftpotatisar. Spraya citronsaft och olivolja över klyftorna och blanda ihop dem för att täcka. Krydda sedan potatisen med svartpeppar, oregano och salt och blanda en gång till för att få en päls.
c) Skaffa en 2-tums djup panna och sprid ut klyftpotatisen inuti i en enda rad. Nästa är att hälla kycklingbuljongen ovanpå potatisen.
d) Rosta potatisen i den redan förvärmda ugnen tills den blir gyllenbrun och mör på cirka 1 timme.

48. Italiensk kycklingbakning

Gör: 6

INGREDIENSER:
- ¼ kopp parmesanost
- ½ kopp d låg fetthalt grekisk yoghurt
- 4 matskedar färskost
- 1 kopp tomatsås med låg kolhydrathalt
- ½ tesked italiensk krydda
- ½ tesked vitlökspulver
- 10 uns strimlad kyckling

INSTRUKTIONER:
a) Värm din ugn till 350F
b) Skaffa en smord glasgryta och lägg den redan strimlade kycklingen.
c) Blanda alla övriga ingredienser utom parmesanosten
d) Häll tomatsåsblandningen du har över kycklingen
e) Toppa sedan med parmesanost
f) Grädda i 25-30 minuter eller tills kasslern börjar få fram bubblor.

49. Mager och grön Crunchy Chicken Tacos

Gör: 4

INGREDIENSER:
- ½ kopp kycklingfond med låg natriumhalt
- 2 kycklingbröst, hackade
- 1 vitlöksklyfta, hackad
- 3 plommontomater, hackade
- 1 tsk spiskumminpulver
- 1 tsk kanelpulver
- 1 tsk mald koriander
- ½ röd chili, hackad
- 1 msk limejuice
- Kött från 1 mogen avokado
- 1 gurka

INSTRUKTIONER:
a) Häll en matsked kycklingfond i en kastrull och värm över medelhög värme. Fräs kyckling, vitlök och tomater i vatten i 4 minuter eller tills tomaterna har vissnat.
b) Krydda med spiskummin, kanel och koriander. Sänk värmen till låg och koka i ytterligare 5 minuter. Ställ åt sidan och låt svalna.
c) Tillsätt lök, chili, limejuice och mosad avokado. Det här är salsan.
d) Ös salsan och toppa på skivad gurka. Toppa med kokt kyckling.

50. Kyckling- och kalkonköttfärslimpa

Gör: 9

INGREDIENSER:
- 3 msk smör
- 10 uns mald kalkon
- 7 uns mald kyckling
- 1 tsk torkad dill
- ½ tsk mald koriander
- 2 msk mandelmjöl
- 1 msk finhackad vitlök
- 3 uns färsk spenat
- 1 tsk salt
- 1 ägg
- ½ matsked paprika
- 1 tsk sesamolja

INSTRUKTIONER:

a) Lägg den malda kalkonen och den malda kycklingen i en stor skål.
b) Strö köttet med torkad dill, mald koriander, mandelmjöl, hackad vitlök, salt och paprika.
c) Hacka sedan den färska spenaten och tillsätt den i den malda fjäderfäblandningen.
d) Bryt ner ägget i köttblandningen och blanda väl tills du får en slät konsistens.
e) Smörj airfryer-korgbrickan med olivoljan.
f) Förvärm fritösen till 350 F.
g) Rulla köttfärsblandningen försiktigt för att göra det platta lagret.
h) Lägg smöret i mitten av köttlagret.
i) Gör formen på köttfärslimpan av köttfärsblandningen. Använd fingertopparna för detta steg.
j) Placera köttfärslimpan i air fryer korgbrickan.
k) Koka i 25 minuter.
l) När köttfärslimpan är tillagad, låt den vila innan servering.

51. Citron Vitlök Oregano Kyckling med Sparris

Gör: 4

INGREDIENSER:
- 1 liten citron, saftad
- 1 ¾ pund av kycklinglår utan skinn med ben
- 2 matskedar färsk oregano, malet
- 2 vitlöksklyftor, hackade
- 2 lbs. av sparris, putsad
- ¼ tesked vardera eller mindre för svartpeppar och salt

INSTRUKTIONER:
a) Värm ugnen till ca 350°F.
b) Lägg kycklingen i en medelstor skål. Tillsätt nu vitlök, oregano, citronsaft, peppar och salt och blanda ihop.
c) Stek kycklingen i luftfriteringsugnen tills den når en innertemperatur på 165°F på cirka 40 minuter. När kycklinglåren har kokat, ta bort och ställ åt sidan för att vila.
d) Ånga nu sparrisen på en spishäll eller i mikrovågsugn till önskad form.
e) Servera sparris med de rostade kycklinglåren.

52. Kyckling Kokos Poppers

Gör: 6

INGREDIENSER:
- ½ kopp kokosmjöl
- 1 tsk chiliflakes
- 1 tsk mald svartpeppar
- 1 tsk vitlökspulver
- 11 uns kycklingbröst, benfritt, utan skinn
- 1 msk olivolja

INSTRUKTIONER:
a) Skär kycklingbröstet i rejäla tärningar och lägg dem i en stor skål.
b) Strö över kycklingtärningarna med chiliflakes, mald svartpeppar, vitlökspulver och rör om ordentligt med händerna.
c) Efter detta, strö kycklingtärningarna med mandelmjölet.
d) Skaka skålen med kycklingtärningarna försiktigt för att täcka köttet.
e) Förvärm airfryern till 365 F.
f) Smörj airfryer-korgbrickan med olivoljan.
g) Lägg kycklingtärningarna inuti.
h) Koka kycklingpopparna i 10 minuter.
i) Vänd på kycklingpopparna efter 5 minuters tillagning.
j) Låt de kokta kycklingpopparna svalna innan servering.

53. Kycklingskorpa Margherita Pizza

Gör: 2

INGREDIENSER:
- ¼ kopp hackad basilika
- 2 plommontomater, som ska skivas
- ½ kopp tomatsås utan socker (som Rao's Homemade)
- ½ tesked italiensk krydda
- 2 matskedar riven parmesanost
- 1 ägg
- ½ pund malet kycklingbröst

INSTRUKTIONER:
a) Värm ugnen till 400F.
b) Blanda det malda kycklingbröstet, ägget, parmesanosten och den italienska kryddningen i en medelstor skål. Forma sedan kycklingblandningen till en form som liknar en tunn och rund skorpa i en bakplåtspappersklädd men lätt smord plåt. Grädda i ca 20 minuter när den ska ha blivit gyllene.
c) Toppa med tomatskivor, ost och sås och grädda tills osten smält i ca 7-10 minuter.
d) Toppa sedan med färsk basilika innan du serverar.

54. Kycklingröra

Gör: 4

INGREDIENSER:
- ½ kopp kycklingbuljong, låg natriumhalt
- 12 uns skinnfria kycklingbröst, skurna i strimlor
- 1 dl röd paprika, kärnad och hackad
- 8 uns (1 kopp) broccoli, skuren i buketter
- 1 tsk krossad röd paprika

INSTRUKTIONER:
a) Lägg en liten mängd kycklingbuljong i en kastrull. Värm över medelhög låga och rör ner kycklingen.
b) Fräs kycklingen i vatten i minst 5 minuter under konstant omrörning.
c) Lägg resten av ingredienserna och rör om.
d) Täck över och koka i ytterligare 5 minuter.

55. Grekisk Island Chicken Shish Kebab

Gör: 6

INGREDIENSER:
- 12 medelstora ämnen färsk svamp
- 12 körsbärstomater
- 2 stora röda eller gröna paprikor, skivade
- 2 pund skinnfritt, benfritt kycklingbröst
- ¼ tesked mald svartpeppar
- ¼ tesked salt
- ½ tesked torkad timjan
- 1 tsk torkad oregano
- 1 tsk malen spiskummin
- 2 vitlöksklyftor, ska hackas
- ¼ kopp vit vinäger
- ¼ kopp citronsaft
- ¼ kopp olivolja

INSTRUKTIONER:
a) Vispa svartpeppar, salt, timjan, oregano, spiskummin, vitlök, vinäger, citronsaft och olivolja tillsammans i en stor keramisk skål eller glas. Tillsätt kyckling och rör om för att få en ordentlig päls.
b) Skaffa en plastfolie som täcker skålen och ställ den i kylen för att marinera i minst 2 timmar.
c) Lägg träspetten i vatten och blöt i ca 30 minuter innan du ska använda dem.
d) Skaffa en utegrill, olja in gallret lätt och förvärm med medelhög värme.
e) Ta bort kycklingen från marinaden och ta bort överflödig vätska från den. Häll sedan bort den återstående marinaden. Nästa är att trä den marinerade kycklingen med svamp, körsbärstomater, lök och paprika på spetten.
f) Lägg sedan spetten på den redan förvärmda grillen och tillaga, vänd så ofta som möjligt tills det blir brunt från alla sidor, vänta i cirka 10 minuter när kycklingen inte längre ska vara rosa från mitten.

56. Kyckling Kabobs Mexicana

Gör: 4

INGREDIENSER:
- 10 körsbärstomater
- 1 röd paprika, ska skäras i 1-tums bitar
- 1 liten zucchini, ska skäras i ½ - tums skivor
- 2 brösthalvor, med benet och huden borttagna
- Svartpeppar och salt efter smak
- 1 lime, ska saftas
- 2 matskedar hackad färsk koriander
- 1 tsk malen spiskummin
- 2 matskedar olivolja

INSTRUKTIONER:
a) Få en grund skål och blanda limejuice, hackad koriander, spiskummin och olivolja inuti. Krydda sedan med peppar och salt. Tillsätt kyckling och se till att blanda det väldigt väl. Täck med lock i minst 1 timme.
b) Låt din grill förvärmas på hög värme.
c) Trä upp tomater, röd paprika, lök, zucchini och kyckling på spett.
d) Använd olja för att borsta grillen och placera spetten på det varma gallret. Låt koka i cirka 10 minuter tills kycklingen är genomstekt. Du bör vända med mellanrum så att alla dess sidor blir väl tillagade.

57. Sommar kycklingburgare

Gör: 7

INGREDIENSER:
- 4 skivor provoloneost
- 4 matskedar majonnäs
- 4 rullar (blanketter) hamburgerbullar
- Peppar och salt efter smak
- 4 brösthalvor med ben och skinn borttaget, benfria, skinnfria kycklingbrösthalvor
- 1 stor Vidalia lök, som ska skivas i ringar
- 1 matsked smör
- 1 matsked citronsaft
- 1 mogen avokado, ska skivas

INSTRUKTIONER:
a) Ta en liten skål och kombinera citronsaften och skivad avokado. Tillsätt vatten tills det täcker dem och lägg dem åt sidan. Skaffa en utomhusgrill, applicera en lätt olja på riven och förvärm med hög värme.
b) Lägg smör i en stor, tung stekpanna och ställ den på medelhög värme. Fräs löken tills den blir brun och karamelliserad och ställ sedan åt sidan.
c) Krydda kycklingen med peppar och salt. Placera den på grillen och låt den koka tills juicen blir torr och den inte längre är rosa, använd cirka 5 minuter på varje sida. Lägg bullarna på grillen tills de är rostade.
d) Nästa är att sprida bullarna med majonnäs efter smak och sedan lägga på avokado, provolone, karamelliserad lök och kyckling.

58. Räkor med vitlök

Gör: 2

INGREDIENSER:
- 1 pund räkor
- ¼ tesked bakpulver
- 2 matskedar olja
- 2 tsk finhackad vitlök
- ¼ kopp vermouth
- 2 msk osaltat smör
- 1 tsk persilja

INSTRUKTIONER:
a) Blanda räkor med bakpulver och salt i en skål, låt stå i ett par minuter
b) Värm olivolja i en stekpanna och tillsätt räkor
c) Tillsätt vitlök, rödpepparflingor och koka i 1-2 minuter
d) Tillsätt vermouth och koka i ytterligare 4-5 minuter
e) När du är klar, ta bort från värmen och servera

59. Moules Marinieres

Gör: 4

INGREDIENSER:
- 2 msk osaltat smör
- 1 purjolök
- 1 schalottenlök
- 2 vitlöksklyftor
- 2 lagerblad
- 1 dl vitt vin
- 2 pund musslor
- 2 msk majonnäs
- 1 msk citronskal
- 2 msk persilja
- 1 surdegsbröd

INSTRUKTIONER:

a) Smält smör i en kastrull, tillsätt purjolök, vitlök, lagerblad, schalottenlök och koka tills grönsakerna är mjuka
b) Koka upp, tillsätt musslor och koka i 1-2 minuter
c) Lägg över musslorna i en skål och täck över
d) Vispa i resterande smör med majonnäs och lägg tillbaka musslorna i grytan
e) Tillsätt citronsaft, persilja och citronskal och rör om

60. Ångkokta musslor med kokos-curry

Gör: 4

INGREDIENSER:
- 6 kvistar koriander
- 2 vitlöksklyftor
- 2 schalottenlök
- ¼ tesked korianderfrön
- ¼ tesked röda chiliflakes
- 1 tsk zest
- 1 burk kokosmjölk
- 1 matsked vegetabilisk olja
- 1 msk currypasta
- 1 msk farinsocker
- 1 msk fisksås
- 2 pund musslor

INSTRUKTIONER:
a) I en skål blanda limeskal, korianderstjälkar, schalottenlök, vitlök, korianderfrö, chili och salt
b) Värm olja i en kastrull, tillsätt vitlök, schalottenlök, pulveriserad pasta och currypasta
c) Koka i 3-4 minuter, tillsätt kokosmjölk, socker och fisksås
d) Låt koka upp och tillsätt musslor
e) Rör ner limejuice, korianderblad och koka ytterligare ett par minuter
f) När du är klar, ta bort från värmen och servera.

61. Tonfisknuddelgryta

Gör: 4

INGREDIENSER:
- 2 uns äggnudlar
- 4 uns fraiche
- 1 ägg
- 1 msk juice från 1 citron
- 1 burk tonfisk
- ¼ kopp persilja

INSTRUKTIONER:
a) Lägg nudlarna i en kastrull med vatten och låt koka upp
b) Blanda ägg, crème fraiche och citronsaft i en skål, vispa väl
c) När nudlarna är kokta, tillsätt crème fraicheblandningen i stekpannan och blanda väl
d) Tillsätt tonfisk, persilja citronsaft och blanda väl
e) När du är klar, ta bort från värmen och servera.

62. Laxburgare

Gör: 4

INGREDIENSER:
- 1 pund laxfiléer
- ¼ dillblad
- 1 matsked honung
- 1 msk pepparrot
- 1 matsked senap
- 1 msk olivolja
- 2 rostade delade rullar
- 1 avokado

INSTRUKTIONER:
a) Lägg laxfiléerna i en mixer och mixa tills den är slät, överför till en skål, tillsätt dill, honung, pepparrot och blanda väl
b) Salta och peppra och forma 4 biffar
c) Blanda senap, honung, majonnäs och dill i en skål
d) Värm olja i en stekpanna, tillsätt laxbiffar och koka i 2-3 minuter per sida
e) När du är klar, ta bort från värmen
f) Delade sallad och lök mellan bullarna
g) Lägg laxbiff ovanpå och skeda med senapsblandning och avokadoskivor

63. Brända pilgrimsmusslor

Gör: 4

INGREDIENSER:
- 1 pund havsmusslor
- 1 msk rapsolja

INSTRUKTIONER:
a) Krydda pilgrimsmusslorna och ställ i kylen ett par minuter
b) Värm olja i en stekpanna, tillsätt pilgrimsmusslor och låt koka i 1-2 minuter per sida
c) När du är klar, ta bort från värmen och servera

64. Svart torsk

Gör: 4

INGREDIENSER:
- ¼ kopp misopasta
- ¼ kopp sake
- 1 matsked mirin
- 1 tsk sojasås
- 1 msk olivolja
- 4 svarta torskfiléer

INSTRUKTIONER:
a) Blanda miso, soja, olja och sake i en skål
b) Gnid blandningen över torskfiléerna och låt den marinera i 20-30 minuter
c) Justera broiler och stek torskfiléer i 10-12 minuter
d) När fisken är tillagad, ta bort och servera

65. Miso-glaserad lax

Gör: 4

INGREDIENSER:
- ¼ kopp röd miso
- ¼ kopp sake
- 1 msk sojasås
- 1 matsked vegetabilisk olja
- 4 laxfiléer

INSTRUKTIONER:
a) Blanda sake, olja, soja och miso i en skål
b) Gnid blandningen över laxfiléer och marinad i 20-30 minuter
c) Förvärm en broiler
d) Stek laxen i 5-10 minuter
e) Ta bort och servera när den är klar

GRÖNSAKERSLÄTT

66. Zucchinipasta med basilikapesto

Gör: 4

INGREDIENSER:
- 2 medelstora zucchinis, spiraliserade
- 2 dl basilikablad
- Saft från 1 citron, färskpressad
- 3 vitlöksklyftor, hackade
- ½ dl cashewnötter, blötlagda i vatten över natten och sedan avrunna

INSTRUKTIONER:
a) Lägg zucchinistrimlor på en tallrik.
b) Lägg resten av ingredienserna i en matberedare och mixa tills det är slätt.
c) Häll såsen över zucchinin och servera.

67. Broccoli och tomater

Gör: 3

INGREDIENSER:
- 1 huvud broccoli, skuren i buketter och sedan blancherad
- ¼ kopp tomater, tärnade
- Salta och peppra efter smak
- Hackad persilja till garnering

INSTRUKTIONER:
a) Lägg alla ingredienser i en skål.
b) Rör om för att täcka alla ingredienser.
c) Tjäna.

68. Zucchini Fettuccine med mexikansk taco

Gör: 6

INGREDIENSER:
- 1 msk olivolja
- 1-pund mager mald kalkon
- 1 vitlöksklyfta, finhackad
- 1 msk chilipulver
- ¼ tesked vitlökspulver
- ¼ tesked lökpulver
- ¼ tesked torkad oregano
- 1 ½ tsk malen spiskummin
- ¼ kopp vatten
- ¼ kopp tärnade tomater
- 2 stora zucchinis, spiraliserade
- ½ dl riven cheddarost

INSTRUKTIONER:
a) Häll olja i en kastrull och värm över medelhög värme.
b) Fräs kalkonen i 2 minuter innan du tillsätter vitlök och lök. Rör om i ytterligare en minut.
c) Krydda med chilipulver, vitlökspulver, lökpulver, oregano och mald spiskummin. Fräs ytterligare en minut
d) innan du tillsätter vattnet och tomaterna.
e) Stäng locket och låt puttra i 7 minuter.
f) Tillsätt zucchinin och osten och låt koka i ytterligare 3 minuter.

69. Gröna bönor

Gör: 4

INGREDIENSER:
- 11 uns gröna bönor
- 1 matsked lökpulver
- 1 matsked olivolja
- ½ tesked salt
- ¼ tesked röd paprikaflingor

INSTRUKTIONER:
a) Tvätta haricots verts noga och lägg dem i skålen.
b) Strö de gröna bönorna med lejonpulver, salt, chili och olivolja.
c) Skaka den gröna bönan försiktigt.
d) Förvärm 400F luftkylskåpet.
e) Lägg gröna bönorna i fritösen och koka i 8 minuter.
f) Skaka sedan de gröna bönorna och koka dem i 4 minuter eller mer vid 400 F.

70. Grädde av svamp satay

Gör: 6

INGREDIENSER:
- 7 uns cremini svamp
- 2 msk kokosmjölk
- 1 msk smör
- 1 tsk chiliflakes
- ½ tsk balsamvinäger
- ½ tsk currypulver
- ½ tsk vitpeppar

INSTRUKTIONER:
a) Tvätta svampen noggrant.
b) Strö sedan över svampen med chiliflakes, currypulver och vitpeppar.
c) Förvärm fritösen till 400 F.
d) Kasta smöret i air fryer-korgen och smält det.
e) Lägg svampen i airfryern och koka i 2 minuter.
f) Skaka svampen väl och strö över kokosmjölken och balsamvinägern.
g) Koka svampen i 4 minuter till vid 400 F.
h) Spett sedan svampen på träpinnarna och servera.

71. Linshamburgare med morötter

Gör: 4

INGREDIENSER:
- 6 uns linser, kokta
- 1 ägg
- 2 uns morot, riven
- 1 tsk mannagryn
- ½ tsk salt
- 1 tsk gurkmeja
- 1 msk smör

INSTRUKTIONER:
a) Knäck ägget i skålen och vispa det.
b) Tillsätt de kokta linserna och mosa blandningen med hjälp av gaffeln.
c) Strö sedan över blandningen med riven morot, mannagryn, salt och gurkmeja.
d) Blanda ihop och gör medelstora hamburgare.
e) Lägg smöret i linsburgarna. Det kommer att göra dem saftiga.
f) Förvärm airfryern till 360 F.
g) Lägg linsburgarna i airfryern och koka i 12 minuter.
h) Vänd hamburgarna på en annan sida efter 6 minuters tillagning.
i) Kyl sedan de kokta linsburgarna och servera dem.

72. Wokad sötpotatis med parmesan

Gör: 2

INGREDIENSER:
- 2 sötpotatisar, skalade
- ½ gul lök, skivad
- ½ dl grädde
- ¼ kopp spenat
- 2 uns parmesanost, strimlad
- ½ tsk salt
- 1 tomat
- 1 tsk olivolja

INSTRUKTIONER:
a) Hacka sötpotatisen.
b) Hacka tomaten.
c) Hacka spenaten.
d) Spraya airfryerbrickan med olivoljan.
e) Lägg sedan på lagret av den hackade sötpotatisen.
f) Lägg på lagret av den skivade löken.
g) Efter detta, strö den skivade löken med hackad spenat och tomater.
h) Strö grytan med salt och riven ost.
i) Häll grädde.
j) Förvärm airfryern till 390 F.
k) Täck airfryerbrickan med folien.
l) Koka grytan i 35 minuter.

73. Blomkålsbuntar med doft av rosmarin

Gör: 4

INGREDIENSER:
- ⅓ kopp mandelmjöl
- 4 koppar risad blomkål
- ⅓ kopp strimlad mozzarella- eller cheddarost med reducerad fetthalt
- 2 ägg
- 2 matskedar färsk rosmarin, finhackad
- ½ tesked salt

INSTRUKTIONER:
a) Värm ugnen till 400°F
b) Blanda alla ingredienser i en medelstor skål
c) Skopa blomkålsblandningen i 12 jämnstora rullar/kex på en lätt smord och folieklädd plåt.
d) Grädda tills det blir gyllenbrunt, vilket bör uppnås på cirka 30 minuter.

74. Pesto Zucchininudlar

Gör: 4

INGREDIENSER:
- 4 zucchinis, spiraliserade
- 1 msk avokadoolja
- 2 vitlöksklyftor, hackade
- ⅔ kopp olivolja
- ⅓ kopp parmesanost, riven
- 2 dl färsk basilika
- ⅓ kopp mandel
- ⅛ tesked svartpeppar
- ¾ tesked havssalt

INSTRUKTIONER:
a) Lägg zucchininudlar i ett durkslag och strö över ¼ tesked salt.
b) Täck och låt sitta i 30 minuter.
c) Häll av zucchininudlar väl och torka.
d) Värm ugnen till 400°F.
e) Lägg mandlar på en bakplåtspappersklädd plåt och grädda i 6-8 minuter.
f) Häll över den rostade mandeln i matberedaren och bearbeta tills den är grov.
g) Tillsätt olivolja, ost, basilika, vitlök, peppar och resterande salt i en matberedare med mandel och bearbeta till pestostruktur.
h) Koka avokadoolja i en stor panna på medelhög värme.
i) Tillsätt zucchininudlar och koka i 4-5 minuter.
j) Häll pesto över zucchininudlar, blanda väl och koka i 1 minut.
k) Servera genast med bakad lax.

75. Lönn-citrontempeh-kuber

Gör: 4

INGREDIENSER:
- Tempeh; 1 paket
- Kokosolja; 2 till 3 teskedar
- Citron juice; 3 matskedar
- Lönnsirap; 2 teskedar
- 1 till 2 teskedar Flytande Aminos eller lågnatrium tamari
- Vatten; 2 teskedar
- Torkad basilika; ¼ tesked
- Vitlök i pulverform; ¼ tesked
- Svartpeppar (nymalen); att smaka

INSTRUKTIONER:
a) Värm din ugn till 400°C.
b) Skär ditt tempehblock i rutor i bitform.
c) Koka kokosolja på medelhög till hög värme i en non-stick stekpanna.
d) När smält och upphettad, tillsätt tempeh och låt koka på ena sidan i 2-4 minuter, eller tills tempeh vänder ner till en gyllenbrun färg.
e) Vänd tempehbitarna och koka i 2-4 minuter.
f) Blanda citronsaft, tamari, lönnsirap, basilika, vatten, vitlök och svartpeppar medan tempeh får färg.
g) Häll blandningen över tempeh och snurra sedan för att täcka tempeh.
h) Stek i 2-3 minuter, vänd sedan på tempen och fräs ytterligare 1-2 minuter.
i) Tempeh, på båda sidor, ska vara mjuk och orange.

76. Ruccola och sötpotatissallad

Gör: 4

INGREDIENSER:
- 1 pund sötpotatis
- 1 kopp valnötter
- 1 msk olivolja
- 1 kopp vatten
- 1 msk sojasås
- 3 koppar ruccola

INSTRUKTIONER:
a) Baka potatis vid 400 F tills den är mjuk, ta bort och ställ åt sidan
b) Ringla valnötter med olivolja i en skål och låt mikrovågsugn i 2-3 minuter eller tills de är rostade
c) Blanda alla ingredienser till salladen i en skål och blanda väl
d) Häll över sojasås och servera

77. Nötkött med broccoli eller blomkålsris

Gör: 2

INGREDIENSER:
- 1 pund rå nötkött rund biff, skuren i strimlor
- 1 msk + 2 tsk sojasås med låg natriumhalt
- 1 Splenda-paket
- ½ kopp vatten
- 1 ½ koppar broccolibuktor
- 1 tsk sesam- eller olivolja
- 2 koppar kokt, riven blomkål eller fryst ris blomkål

INSTRUKTIONER:
a) Rör biff med sojasås och låt stå i ca 15 minuter.
b) Värm olja på medelhög värme och fräs nötköttet i 3-5 minuter eller tills det fått färg.
c) Ta bort från pannan.
d) Placera broccoli, Splenda och vatten.
e) Täck över och koka i 5 minuter eller tills broccolin börjar bli mjuk, rör om ibland.
f) Tillsätt nötköttet igen och värm upp ordentligt.
g) Servera rätten med blomkålsris.

78. Kyckling Zucchininudlar

Gör: 2

INGREDIENSER:
- 1 stor zucchini, spiraliserad
- 1 kycklingbröst, utan skinn och ben
- ½ msk jalapeno, finhackad
- 2 vitlöksklyftor, hackade
- ½ tsk ingefära, finhackad
- ½ msk fisksås
- 2 msk kokosgrädde
- ½ msk honung
- ½ limejuice
- 1 msk jordnötssmör
- 1 morot, hackad
- 2 msk cashewnötter, hackade
- ¼ kopp koriander
- 1 msk olivolja

INSTRUKTIONER:
a) Koka olivolja i en panna på medelhög värme.
b) Krydda kycklingbröst med peppar och salt.
c) När oljan är varm, tillsätt kycklingbröst i pannan och stek i 3-4 minuter per sida eller tills den är genomstekt.
d) Ta bort kycklingbröst från pannan.
e) Strimla kycklingbröst med en gaffel och ställ åt sidan.
f) Blanda jordnötssmör, jalapeno, vitlök, ingefära, fisksås, kokosgrädde, honung och limejuice i en liten skål.
g) Avsätta.
h) I en stor blandningsskål, kombinera spiraliserad zucchini, morötter, cashewnötter, koriander och strimlad kyckling.
i) Häll jordnötssmörblandningen över zucchininudlar och blanda ihop.
j) Servera genast och njut.

79. Slow Cooker Spaghetti

Gör: 8

INGREDIENSER:
- 1-ounce olivolja
- 4 uns italiensk korv
- 16 uns köttfärs
- 1 tsk italiensk krydda, torkad
- ½ tsk mejram, torkad
- 1 tsk vitlökspulver
- 29-ounce tomatsås på burk
- 6 uns konserverad tomatpuré
- 1 4 ½ uns konserverade italienska tomater, tärnade
- ¼ tesked timjanblad, torkade
- ¼ tesked basilika, torkad
- ½ tsk oregano
- ⅓-ounce vitlökspulver
- ½ uns vitt socker

INSTRUKTIONER:
a) Värm olja i en stor stekpanna på medelvärme. Fräs lök och korv i oljan tills löken är genomskinlig och korven har fått en jämn färg.
b) Flytta korven i grytan på din slow cooker.
c) Koka mejram, köttfärs, kryddor och 1 tsk vitlök i samma stekpanna i 10 minuter eller tills köttet är smuligt och brynt jämnt.
d) Överför nötköttet till långsamkokaren. Rör ner resten av ingredienserna till blandningen i slow cookern och koka på Low i 8 timmar.

80. Beef Lo Mein

Gör: 4

INGREDIENSER:
- 8 uns okokt spagetti
- 1 tsk sesamolja
- ½ uns jordnötsolja
- 4 hackade vitlöksklyftor
- ½ uns ingefära, malet
- 32 uns blandade grönsaker
- 16 uns tunt skivad flankstek
- 1 ½ uns sojasås
- 1-ounce farinsocker
- ½ uns ostronsås
- ½ uns chilipasta med vitlökssmak

INSTRUKTIONER:
a) Koka upp saltat vatten och koka spaghettinudlar i 12 minuter
b) Häll av nudlarna och häll dem i en stor skål.
c) Kasta nudlarna med sesamolja och täck skålen för att hålla nudlarna varma.
d) Koka jordnötsolja i en stor stekpanna på medelhög värme och koka vitlök och ingefära i olja i 30 sekunder.
e) Tillsätt grönsaker i stekpannan och koka i 5 minuter, tillsätt sedan nötkött och koka i ytterligare 5 minuter eller tills de är genomvärmda.
f) Blanda alla ingredienser i 3 minuter tills det är varmt.

SOPPA OCH GRYTA

81. Rostad tomatsoppa

Gör: 6

INGREDIENSER:
- 3 pund tomater på ett halverat sätt
- 6 vitlökar (krossade)
- 4 teskedar matolja eller jungfruolja
- Salt att smaka
- ¼ kopp tung grädde (valfritt)
- Skivade färska basilikablad till garnering

INSTRUKTIONER:
a) Ugn medelvärme på ca 427f, förvärm ugnen.
b) Blanda de halverade tomaterna, vitlöken, olivoljan, salt och peppar i din mixerskål
c) Bred ut tomatblandningen på den redan förberedda bakplåten
d) Under en process på 20-28 minuter, rosta och rör om
e) Ta sedan ut den från ugnen och de rostade grönsakerna ska nu överföras till en soppgryta
f) Rör ner basilikabladen
g) Mixa i små portioner i en mixer
h) Servera omedelbart

82. Cheeseburgersoppa

Gör: 4

INGREDIENSER:
- 14,5 uns kan tärna tomat
- 1 pund 90 % magert nötfärs
- ¾ kopp hackad selleri
- 2 teskedar Worcestershiresås
- 3 koppar kycklingbuljong med låg natriumhalt
- ¼ tesked salt
- 1 tsk torkad persilja
- 7 koppar babyspenat
- ¼ tesked mald peppar
- 4 uns strimlad cheddarost med reducerad fetthalt

INSTRUKTIONER:
a) Ta fram en stor soppgryta och koka köttet tills det blir brunt.
b) Tillsätt sellerin och fräs tills den är mjuk.
c) Ta bort från värmen och häll av överflödig vätska. Rör ner buljong, tomater, persilja, worcestershiresås, peppar och salt.
d) Täck med lock och låt sjuda på svag värme i ca 20 minuter.
e) Tillsätt spenat och låt koka tills den vissnar på cirka 1-3 minuter.
f) Toppa var och en av dina portioner med 1 uns ost.

83. Snabb lins chili

Gör: 10

INGREDIENSER:
- 1½ koppar fröad eller tärnad paprika
- 5 koppar grönsaksbuljong (den bör ha låg natriumhalt)
- 1 matsked vitlök
- ¼ tesked nymalen peppar
- 1 kopp röda linser
- 3 fyllda teskedar chilipulver
- 1 matsked mald spiskummin

INSTRUKTIONER:
a) Placera din gryta på medelhög värme
b) Kombinera din lök, röd paprika, grönsaksbuljong med låg natriumhalt, vitlök, salt och peppar
c) Koka och rör alltid tills löken är mer genomskinlig och all vätska avdunstat. Detta kommer att ta cirka 10 minuter.
d) Tillsätt resterande buljong, limejuice, chilipulver, linser, spiskummin och koka upp.
e) Sänk värmen vid denna tidpunkt, täck över det i cirka 15 minuter för att sjuda tills linserna är ordentligt kokta
f) Ringla lite vatten om blandningen verkar vara tjock.
g) Chilin blir lagom färdig när det mesta av vattnet har absorberats.
h) Servera och njut.

84. Citron-vitlökskyckling

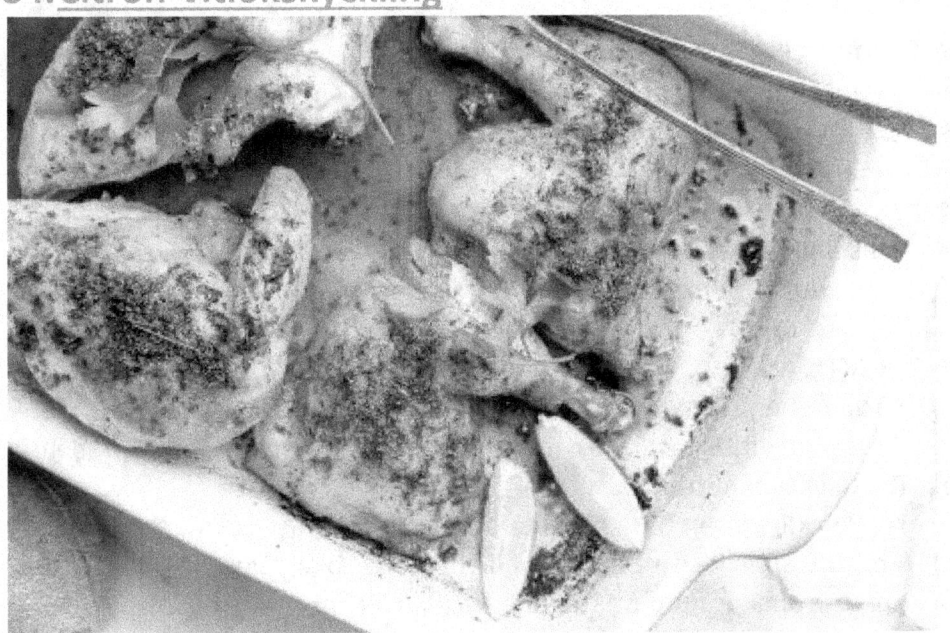

Gör: 4

INGREDIENSER:
- 1 liten citron, saftad
- 1 ¾ pund av kycklinglår utan skinn med ben
- 2 matskedar färsk oregano, malet
- 2 vitlöksklyftor, hackade
- 2 lbs. av sparris, putsad
- ¼ tesked vardera eller mindre för svartpeppar och salt

INSTRUKTIONER:
a) Värm ugnen till ca 350F. Lägg kycklingen i en medelstor skål.
b) Tillsätt nu vitlök, oregano, citronsaft, peppar och salt och blanda ihop.
c) Rosta i 40 minuter.
d) När kycklinglåren har kokat, ta bort och ställ åt sidan för att vila.
e) Ånga nu sparrisen på en spishäll eller i mikrovågsugn till önskad form.
f) Servera sparris med de rostade kycklinglåren.

85. Krämig blomkålssoppa

Gör: 6

INGREDIENSER:
- 5 dl blomkålsris
- 8 uns cheddarost, riven
- 2 dl osötad mandelmjölk
- 2 dl grönsaksfond
- 2 matskedar vatten
- 2 vitlöksklyftor, hackade
- 1 msk olivolja

INSTRUKTIONER:
a) Koka olivolja i en stor kastrull på medelvärme.
b) Tillsätt vitlök och koka i 1-2 minuter. Tillsätt blomkålsris och vatten.
c) Täck över och koka i 5-7 minuter.
d) Tillsätt nu grönsaksfond och mandelmjölk och rör om väl.
e) Koka upp.
f) Sänk värmen till låg och låt sjuda i 5 minuter.
g) Stäng av värmen.
h) Tillsätt långsamt cheddarost och rör tills det är slätt.
i) Krydda soppan med peppar och salt.
j) Rör om väl och servera varm.

86. Crockpot kyckling tacosoppa

Gör: 6

INGREDIENSER:
- 2 frysta benfria kycklingbröst
- 2 burkar vita bönor eller svarta bönor
- 1 burk tärnade tomater
- ½ paket tacokrydda
- ½ tesked vitlökssalt
- 1 kopp kycklingbuljong
- Salta och peppra efter smak
- Tortillachips, ostgräddfil och koriander som pålägg

INSTRUKTIONER:
a) Lägg din frusna kyckling i lerkrukan och lägg även de andra ingredienserna i poolen.
b) Låt koka i ca 6-8 timmar.
c) Efter tillagning tar du ut kycklingen och strimlar den till den storlek du vill ha.
d) Lägg till sist den strimlade kycklingen i crockpoten och lägg den på en långsam spis. Rör om och låt koka upp.
e) Du kan även lägga till fler bönor och tomater för att hjälpa till att sträcka köttet och göra det godare.

87. Tofu Wok med Sparrisgryta

Gör: 4

INGREDIENSER:
- 1-pund sparris, avskurna stjälkar
- 2 matskedar olivolja
- 2 block tofu, pressad och tärnad
- 2 vitlöksklyftor, hackade
- 1 tsk Cajun kryddblandning
- 1 tsk senap
- 1 paprika, hackad
- ¼ kopp grönsaksbuljong
- Salt och svartpeppar, efter smak

INSTRUKTIONER:
a) Använd en stor kastrull med lättsaltat vatten, lägg i sparris och koka tills den är mjuk i 10 minuter; dränera.
b) Ställ en wok på hög värme och varm olivolja; rör ner tofutärningar och koka i 6 minuter.
c) Lägg i vitlök och koka i 30 sekunder tills den är mjuk.
d) Rör ner de återstående ingredienserna, inklusive reserverad sparris, och koka i ytterligare 4 minuter.
e) Dela mellan tallrikar och servera.

88. Tomatsoppa med grädde av timjan

Gör: 6

INGREDIENSER:
- 2 matskedar ghee
- ½ kopp råa cashewnötter, tärnade
- 2 (28 uns) burkar tomater
- 1 tsk färska timjanblad + extra till garnering
- 1½ dl vatten
- Salt och svartpeppar efter smak

INSTRUKTIONER:

a) Koka ghee i en kastrull på medelvärme och fräs löken i 4 minuter tills den mjuknat.

b) Rör ner tomater, timjan, vatten, cashewnötter och smaka av med salt och svartpeppar.

c) Täck över och låt sjuda i 10 minuter tills de är genomkokta.

d) Öppna, stäng av värmen och puré ingredienserna med en stavmixer.

e) Justera efter smak och rör ner den tunga grädden.

f) Häll upp i soppskålar och servera.

89. Svamp och Jalapeño gryta

Gör: 4

INGREDIENSER:
- 2 tsk olivolja
- 1 dl purjolök, hackad
- 1 vitlöksklyfta, finhackad
- ½ dl selleristjälk, hackad
- ½ kopp morötter, hackade
- 1 grön paprika, hackad
- 1 jalapeñopeppar, hackad
- 2 ½ dl svamp, skivad
- 1 ½ dl grönsaksfond
- 2 tomater, hackade
- 2 timjankvistar, hackade
- 1 rosmarinkvist, hackad
- 2 lagerblad
- ½ tsk salt
- ¼ tesked mald svartpeppar
- 2 matskedar vinäger

INSTRUKTIONER:
a) Ställ en gryta på medelvärme och varm olja.
b) Tillsätt vitlök och purjolök och fräs tills det är mjukt och genomskinligt.
c) Tillsätt svartpeppar, selleri, svamp och morötter.
d) Koka medan du rör om i 12 minuter; rör i en skvätt grönsaksfond så att det inte fastnar.
e) Rör ner resten av ingredienserna.
f) Ställ värmen på medel; låt puttra i 25 till 35 minuter eller tills den är genomstekt.
g) Fördela i individuella skålar och servera varma.

90. Blomkålssoppa

Gör: 4

INGREDIENSER:
- 2 matskedar olivolja
- 1 tsk vitlök, hackad
- 1 pund blomkål, skuren i buketter
- 1 dl grönkål, hackad
- 4 dl grönsaksbuljong
- ½ dl mandelmjölk
- ½ tsk salt
- ½ tsk röd paprikaflingor
- 1 msk färsk hackad persilja

INSTRUKTIONER:
a) Sätt en gryta på medelvärme och värm oljan.
b) Tillsätt vitlök och lök och fräs tills de fått färg och mjuknat.
c) Lägg i grönsaksbuljong, grönkål och blomkål; koka i 10 minuter tills blandningen kokar.
d) Rör ner pepparflingorna, saltet och mandelmjölken; sänk värmen och sjud soppan i 5 minuter.
e) Överför soppan till en stavmixer och mixa för att uppnå önskad konsistens; toppa med persilja och servera genast.

EFTERRÄTT

91. Chiapudding

Gör: 2

INGREDIENSER:
- 4 matskedar chiafrön
- 1 kopp osötad kokosmjölk
- ½ kopp hallon

INSTRUKTIONER:
a) Tillsätt hallon och kokosmjölk i en mixer och mixa tills det är slätt.
b) Häll blandningen i glasburken.
c) Tillsätt chiafrön i en burk och rör om väl.
d) Förslut burken med lock och skaka väl och ställ i kylen i 3 timmar.
e) Servera kyld och njut.

92. Lime-Avocado Pudding

Gör: 9

INGREDIENSER:
- 2 mogna avokado, urkärnade och skurna i bitar
- 1 msk färsk limejuice
- 14 oz burk kokosmjölk
- 2 tsk flytande stevia
- 2 tsk vanilj

INSTRUKTIONER:
a) Blanda alla ingredienser och mixa tills det är slätt.
b) Tjäna.

93. Brownie Bites

Gör: 13

INGREDIENSER:
- ¼ kopp osötad chokladchips
- ¼ kopp osötat kakaopulver
- 1 kopp pekannötter, hackade (½ magra)
- ½ kopp mandelsmör
- ½ tsk vanilj
- ¼ kopp munkfruktsötningsmedel
- ⅛ teskedar rosa salt

INSTRUKTIONER:
a) Tillsätt pekannötter, sötningsmedel, vanilj, mandelsmör, kakaopulver och salt i matberedaren och bearbeta tills det är väl blandat.
b) Överför brownieblandningen i den stora skålen. Tillsätt chokladbitar och vänd ihop väl.
c) Gör små runda bollar av brownieblandningen och lägg på en plåt.
d) Ställ in i frysen i 20 minuter.

94. Pumpa bollar

Gör: 18

INGREDIENSER:
- 1 dl mandelsmör
- 5 droppar flytande stevia
- 2 msk kokosmjöl
- 2 msk pumpapuré
- 1 tsk pumpapajkrydda

INSTRUKTIONER:
a) Blanda ihop pumpapuré i en stor skål och mandelsmör tills det är väl blandat.
b) Tillsätt flytande stevia, pumpapajkrydda och kokosmjöl och blanda väl.
c) Gör små bollar av blandningen och lägg dem på en bakplåt.
d) Ställ in i frysen i 1 timme.

95. Chokladnötskluster

Gör: 25

INGREDIENSER:
- 9 uns sockerfria mörka chokladchips
- ¼ kopp oraffinerad kokosolja
- 2 dl saltade blandade nötter

INSTRUKTIONER:
a) Klä en kantad bakplåt med bakplåtspapper eller en bakmatta av silikon.
b) Lägg en bit av chokladchips och kokosolja i en mikrovågssäker skål och låt chokladen smält.
c) Använd en spatel för att blanda. Låt den svalna behändigast i någon grad innan du använder den.
d) Blanda tills allt av nötterna ligger över inuti chokladen.
e) Släpp en gigantisk sked av combo på det förberedda förberedelsearket.
f) Förvara rester i kylen i upp till tre veckor.

96. Kakao Kokossmör fettbomber

Gör: 12

INGREDIENSER:
- 1 kopp kokosolja
- ½ kopp osaltat smör
- 6 matskedar osötat kakaopulver
- 15 droppar flytande stevia
- ½ kopp kokossmör

INSTRUKTIONER:
a) I en kastrull, lägg smör, kokosolja, kakaopulver och stevia och koka på låg värme, rör om ofta tills det smält.
b) Smält kokossmör i en annan kastrull på låg värme.
c) Häll 2 matskedar kakaoblandning i varje brunn i en 12-kopps silikonform.
d) Tillsätt 1 matsked smält kokossmör i varje brunn.
e) Ställ in i frysen tills den stelnat, ca 30 minuter.

97. Blåbärs citronkaka

Gör: 4

INGREDIENSER:
FÖR TÅRAN:
- ⅔ kopp mandelmjöl
- 5 ägg
- ⅓ kopp mandelmjölk, osötad
- ¼ kopp erytritol
- 2 tsk vaniljextrakt
- Saften av 2 citroner
- 1 tsk citronskal
- ½ tesked bakpulver
- Nypa salt
- ½ kopp färska blåbär (½ mager)
- 2 msk smör, smält

FÖR FROSTNING:
- ½ kopp tung grädde
- Saften av 1 citron
- ⅛ kopp erytritol

INSTRUKTIONER:
a) Värm ugnen till 350F
b) Tillsätt mandelmjöl, ägg och mandelmjölk i en skål och blanda väl tills det är slätt.
c) Tillsätt erytritol, en nypa salt, bakpulver, citronskal, citronsaft och vaniljextrakt. Blanda och blanda väl.
d) Vänd ner blåbären.
e) Använd smöret för att smörja springformen.
f) Häll smeten i de smorda formarna. Lägg på en plåt för jämn gräddning. Sätt in i ugnen för att grädda tills den är genomstekt i mitten och lätt brun på toppen, ca 35 till 40 minuter.
g) Låt svalna innan du tar ur pannan. Blanda erytritol, citronsaft och tung grädde. Blanda väl.
h) Häll frosting ovanpå. Tjäna.

98. Choko-mandelbark

Gör: 10

INGREDIENSER:
- ½ dl rostad mandel, hackad
- ½ kopp smör
- 10 droppar stevia
- ¼ tesked salt
- ½ kopp osötade kokosflingor 9⅛ krydda)
- 4 uns mörk choklad

INSTRUKTIONER:
a) Hetta upp smör och choklad i mikron i 90 sekunder.
b) Ta ut den och rör ner stevia.
c) Förbered en plåt med vaxat papper och fördela chokladen jämnt.
d) Ringla mandeln ovanpå, kokosflingorna och strö över salt.
e) Kyl i 60 minuter.

99. Tankar Mousse

Gör: 2

INGREDIENSER:
- 1 paket Optavia varm kakao
- ½ dl sockerfritt gelatin
- 1 msk lätt färskost
- 2 matskedar kallt vatten
- ¼ kopp krossad is

INSTRUKTIONER:
a) Lägg alla ingredienser i en mixer.
b) Pulsera tills den är slät.
c) Häll upp i glas och ställ i kylen för att stelna.
d) Servera kyld.

100. Fylld avokado

Gör: 2

INGREDIENSER:
- 1 avokado, halverad och urkärnad
- 10 uns konserverad tonfisk, avrunnen
- 2 msk soltorkade tomater, hackade
- 1 och ½ msk basilikapesto
- 2 msk svarta oliver, urkärnade och hackade
- Salta och svartpeppar efter smak
- 2 tsk pinjenötter, rostade och hackade
- 1 msk basilika, hackad

INSTRUKTIONER:
a) Kombinera tonfisken med de soltorkade tomaterna i en skål, och resten av ingredienserna förutom avokadon och rör om.
b) Fyll avokadohalvorna med tonfiskmixen och servera som förrätt.

SLUTSATS

När vi avslutar vår resa genom "DEN KOMPLETTA SPANNDSFRIA MATKOOKBOKEN", hoppas vi att du har upptäckt glädjen med att äta spannmålsfri och upplevt den positiva inverkan det kan ha på din hälsa och ditt välbefinnande. Varje recept du har förberett har varit ett steg mot en levande, spannmålsfri livsstil.

Vi uppmuntrar dig att fortsätta utforska denna väg, experimentera med smaker och anpassa dina spannmålsfria rätter för att passa dina preferenser. Med kreativitet i köket och fokus på nyttiga, näringsrika ingredienser kan du göra spannmålsfri middag till en permanent och njutbar del av ditt liv.

Tack för att vi fick vara en del av ditt kulinariska äventyr. När du fortsätter att njuta av dessa näringsrika, spannmålsfria rätter, må din resa fyllas med vitalitet, tillfredsställelse och den utsökta smaken av livfull hälsa. Här är en framtid av smakrik, spannmålsfri middag!

www.ingramcontent.com/pod-product-compliance
Lightning Source LLC
Chambersburg PA
CBHW071907110526
44591CB00011B/1582